좋은 사람 도감

IIHITO SUGIRUYO ZUKAN
Copyright © 2024 by Suguru MYOUEN & Hina SASAKI & Chiemi MANAKO
All rights reserved.
Design by Kaho MAGARA & Shiho ISHII(Yoshi-des.)
First original Japanese edition published by PHP Institute, Inc., Japan.
Korean translation rights arranged with PHP Institute, Inc.
through BC Agency

이 책의 한국어판 저작권은 BC에이전시를 통해 저작권자와 독점계약을 맺은 포레스트북스에 있습니다.
저작권법에 의해 한국 내에서 보호를 받는 저작물이므로 무단전재와 복제를 금합니다.

いい人すぎるよ図鑑

**묘엔 스구루, 사사키 히나,
마나코 지에미** 지음
이지수 옮김

좋은 사람 도감

「30분 기다려야 한대요」
라고 알려주는 대기열
맨 끝 사람

서교책방

· 들어가며 ·

『좋은 사람 도감』은

일상생활 속에 숨어 있는

'좋은 사람'을 발견하여

수집한 도감입니다.

이 도감은 2023년에 개최한

〈너무 좋은 사람전〉이라는 전시회에서 탄생했습니다.

티켓 3만 장이 금세 동났죠.

저희도 예상치 못한 성황이었습니다.

일상생활 속에 숨어 있는 '좋은' 사람들.

실은 우리가 아직 알아보지 못했을 뿐,

그들은 생각보다 더 많이

우리 주변에 존재할 수도 있습니다.

이 도감에서는 우선 100명의

'좋은 사람'을 수집하는 데 성공했습니다.

그럼,

우리의 기억 속에 남아 있는

'좋은 사람' 100명과

다시 만나는 시간을

부디 즐겨주세요.

덧붙여,

이 도감을 읽다 보면

'에이, 이런 건 평범한 행동이잖아……?'

하는 생각이 들 때도 있을지 모릅니다.

그래요, 이 도감에 실린 건

바로 당신의 모습일 수 있지요.

　　　　　　　　　　　　　　– 묘엔 스구루

• 차 례 •

• 들어가며 4

PART 1
직장·학교에서 만나는 좋은 사람

No. 1	화상 회의에서 일단 카메라를 켜주는 사람 16
No. 2	마트에서 집어 들기 직전에 마감세일 스티커를 붙여주는 직원 17
No. 3	정수기 물통을 먼저 나서서 갈아주는 사람 20
No. 4	발표할 때 미소 띤 얼굴로 고개를 끄덕이며 들어주는 사람 21
No. 5	질문 시간에 아무도 손 들지 않을 때 나서주는 사람 22
No. 6	비밀번호를 보지 않도록 시치미 뗀 얼굴로 대각선 위쪽을 바라봐주는 사람 23
No. 7	뒷자리 친구에게 프린트물을 넘겨줄 때 꼭 뒤돌아서 건네는 사람 24
No. 8	시험지를 돌려줄 때 점수 부분을 가리고 건네는 선생님 26
No. 9	비닐봉지 사이즈를 고민하고 있을 때 "이 정도 양이면 중간 크기면 돼요" 하고 알려주는 직원 27
No. 10	바쁠 때도 말을 걸면 일단 키보드 치는 손을 멈춰주는 선배 28
No. 11	월초에 달력을 뜯어주는 사람 31

No. 12	튀어나와 있는 의자를 전부 집어넣고 자리를 떠나는 사람	32
No. 13	친구가 결석한 날에는 평소보다 깨끗한 글씨로 필기하는 사람	33
No. 14	와이파이 연결이 안 되어 당황할 때 "핫 스폿 켜줄까?" 하고 물어봐주는 사람	34
No. 15	잔돈이나 영수증을 지갑에 넣을 때 "천천히 하셔도 돼요"라고 말해주는 계산대 직원	36
No. 16	출장을 다녀올 때마다 기념품 과자를 사다주는 상사	37
No. 17	"시험에 나온다고는 말 못하지만, 이건 잘 들어둬"라고 이야기해주는 선생님	38

PART 2
취미·놀이 활동에서 만나는 좋은 사람

No. 18	노래방에서 다른 사람이 노래하고 있을 때 핸드폰을 보지 않는 사람	40
No. 19	콘서트장에서 응원 부채를 낮게 들어주는 사람	41
No. 20	"나 설거지 좋아하거든~"이라고 말하는 사람	42
No. 21	집에서 마실 때 부탁하지 않아도 얼음을 사오는 사람	43
No. 22	집에서 마신 뒤 "전부 그냥 두고 가"라고 말해주는 집주인	44
No. 23	모두가 1차의 흥겨움 속에서 담소를 나눌 때 2차 장소를 물색해주는 사람	46
No. 24	영화관에서 소리 나지 않도록 노력하며 팝콘을 먹는 사람	47
No. 25	짝수로만 탈 수 있는 놀이기구에서 혼자 타주는 사람	48
No. 26	피자 주문 전화를 걸어주는 사람	49
No. 27	여러 명이 같이 셀카를 찍을 때 셔터를 눌러주는 사람	50
No. 28	여행 때 멀티탭을 가져오는 사람	51

No. 29 "조금만 더 가면 돼요~!" 하고 격려해주는 하산하는 사람 52

No. 30 영화의 엔딩 크레디트까지 보는 사람 52

No. 31 "이거 어디 거야?"라고 물으면 상품 링크도 함께 보내주는 사람 53

No. 32 노래방에 가면 자진해서 첫 번째 곡을 입력하는 사람 54

No. 33 "5반의 5 포즈로 사진 찍자"라고 제안해주는 사람 55

No. 34 설령 돌아보지 않더라도 상대가 보이지 않을 때까지 지켜보는 사람 56

No. 35 친구 집에서 샤워할 때 물을 최소한으로 쓰는 사람 59

No. 36 라이브 공연에서 누구보다 큰 목소리로 먼저 "앵콜!" 하고 외쳐주는 사람 59

No. 37 동아리 합숙에서 아침에 일어나면 바로 정리를 하는 사람 60

No. 38 영화관에서 옆이 비어 있는 쪽 자리를 양보해주는 사람 61

No. 39 인스타그램에 올리기 전에 "이 사진 올려도 돼?" 하고 매번 확인해주는 친구 62

PART 3
밥 먹을 때 만나는 좋은 사람

No. 40 "얼마든지 드세요"라고 말해주는 로스트비프 써는 사람 64

No. 41 바비큐 할 때 "먹고 있어, 먹고 있어~"라고 말하는 사람 65

No. 42 직원이 요리를 가지고 왔을 때 식탁에 자리를 만들어주는 사람 66

No. 43 빵 앞에서는 한 마디도 하지 않는 사람 67

No. 44 고기가 맛있게 익었을 때 불판 가장자리로 옮겨주는 사람 68

No. 45 회전초밥집에서 계산하기 전에 금액별로 접시를 구분해 쌓아주는 사람 69

No. 46 가게에서 서프라이즈 파티를 할 때 야무지게 박수 쳐주는 사람 70

No. 47	먼저 나서서 몬자야키를 부쳐주는 사람 71
No. 48	라멘집에서 다 먹은 그릇을 카운터로 올려놓는 사람 71
No. 49	"먹어치울게~"하며 접시를 정리해주는 사람 74
No. 50	고깃집에서 살짝 탄 고기를 자진해서 먹는 사람 75
No. 51	혼자서 밥을 먹을 때 조그맣게 "잘 먹겠습니다"라고 말하는 사람 76
No. 52	메뉴판을 상대방 방향으로 펼쳐주는 사람 77
No. 53	가장 작게 잘린 피자 조각을 집는 사람 78
No. 54	음식 사진을 다 찍을 때까지 조용히 기다려주는 사람 80
No. 55	식기를 퇴식구에 넣을 때, 구멍을 통해 주방에 있는 직원에게 "잘 먹었습니다"라고 말하고 가는 사람 81
No. 56	남이 좌석 앞을 지나갈 때 다리를 들어주는 사람 82
No. 57	물을 쏟았을 때 "시원해졌어~"라고 농담하며 웃겨주는 사람 83
No. 58	푸드코트에서 식탁에 흘린 음식물을 닦은 뒤에 자리를 떠나는 사람 85
No. 59	젓가락을 떨어뜨린 순간 새 젓가락을 달라고 대신 부탁해주는 사람 85
No. 60	삼각김밥을 부탁하면 여러 종류를 사와서 남은 것을 먹는 사람 86
No. 61	산책에서 지친 개를 안고 걷는 사람 87
No. 62	술집에서 메뉴를 주문할 때 "맛있겠다~"라고 말해주는 사람 88
No. 63	저당과 무당 캔커피를 다 사와서 고르게 해주는 사람 89
No. 64	민티아를 세 알 주는 사람 91
No. 65	가게에 들어가기 전에 들고 있던 음료수를 전부 다 마시는 사람 92
No. 66	가게가 혼잡할 때 "앉아 있어! 내가 주문하고 올게!"라고 말하는 사람 93
No. 67	요리가 잘못 나왔을 때 "아, 그거 먹고 싶었어요"라고 말하는 사람 94

PART 4
생활하며 만나는 좋은 사람

No. 68	어린이와 이야기할 때 쪼그려 앉는 사람 98
No. 69	옆자리 손님에게 자연스럽게 콘센트를 양보하는 사람 98
No. 70	봉제인형을 버릴 때 가슴이 욱신거리는 사람 99
No. 71	발을 밟혔는데도 본인이 "죄송합니다!" 하고 사과하는 사람 100
No. 72	길을 물어보면 본인이 모르는 곳이라도 열심히 찾아봐주는 사람 102
No. 73	"세로로도 찍을게요~"라고 말해주는 사람 103
No. 74	페트병을 줄 때 뚜껑을 따서 건네는 사람 104
No. 75	에어팟을 빌려줄 때 꼼꼼하게 닦아서 주는 사람 104
No. 76	"30분 기다려야 한대요"라고 알려주는 대기열 맨 끝 사람 105
No. 77	전철에서 이어폰 블루투스가 연결되어 있는지 신경 쓰여서 한번 빼보는 사람 106
No. 78	계산할 때 동전을 종류별로 구분해서 놓아주는 사람 108
No. 79	당근마켓으로 중고품 거래할 때 자필 편지를 곁들이는 사람 108
No. 80	비행기가 뜨기 전에 기내 안전 방송을 주의 깊게 보는 사람 109
No. 81	마주 오는 사람과 스쳐 지날 때 우산을 작게 접는 사람 110
No. 82	길에서 나눠주는 티슈나 전단지를 매번 받는 사람 111
No. 83	통화할 때도 머리를 숙이면서 사과하는 사람 112
No. 84	동시에 줄을 섰을 때 '먼저 서세요'라는 표정을 짓는 사람 113
No. 85	버스에서 내릴 때 "감사합니다"라고 말하는 사람 113
No. 86	화장실에서 휴지를 최소한으로 쓰는 사람 116
No. 87	길에 떨어진 장갑이 눈에 잘 띄도록 가드레일 위에 올려주는 사람 117
No. 88	겉옷을 걸쳐 입는 것을 보고 에어컨 온도를 높여주는 사람 118

No. 89	사무실 복사기의 용지가 다 떨어지기 전에 넣어주는 사람	118
No. 90	만 엔짜리 지폐를 낼 때 "큰 거라서 미안해요!"라고 말하는 사람	119
No. 91	단체 사진에서 늘 '매너 다리'를 해주는 사람	120
No. 92	"의자를 뒤로 젖혀도 될까요?"라고 묻지 못하는 사람	123
No. 93	문을 계속 잡아주는 사람	124
No. 94	혼잡한 카페에서 "여기 앉으세요"라고 말 걸어주는 사람	125
No. 95	길거리에서 자신이 좋아하는 유명인을 발견해도 멀리서 바라보기만 하는 사람	125
No. 96	물건을 떨어트렸을 때 핸드폰 조명을 켜서 비춰주는 사람	126
No. 97	전철에서 실수로 음악을 틀었을 때 면목 없는 표정을 짓는 사람	128
No. 98	계산대 앞 발자국 마크에 정확히 발을 맞추고 기다리는 사람	129
No. 99	시리에게 존댓말로 말을 거는 사람	130
No. 100	다른 선반에 놓여 있던 과자를 원래 선반으로 되돌려놓는 사람	130

- 후기 131

PART 1

직장·학교에서 만나는 좋은 사람

좋은사람 No.

1

화상 회의에서 일단
카메라를 켜주는 사람

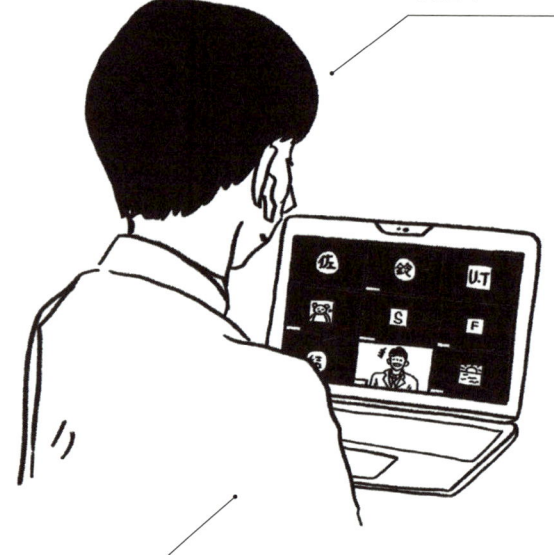

본인은 반드시 카메라를 켜지만, 다른 사람들에게는 절대로 켜라고 강요하지 않는다.

인사차 한번 켠 뒤 곧바로 끌 때의 겸연쩍음을 견디지 못한다.

POINT

회의 분위기를 띄우기 위해 얼굴을 비춘다. 설령 음소거 중이라도 반응은 크게 해준다.

좋은사람 No.

2

마트에서 집어 들기 직전에
마감세일 스티커를 붙여주는 직원

'이 사람 할인 스티커 기다리는구나' 싶으면 순서를 건너뛰어 붙이러 와준다.

나물을 안 버려도 되는 것이 기쁘다.

POINT

눈을 마주치지 않고 자연스럽게 할인 스티커를 붙인다. 한 장 한 장 재빠르고도 꼼꼼하게 붙여나간다.

좋은사람 No.

3 | 정수기 물통을 먼저 나서서 갈아주는 사람

조금 남은 화장실 휴지를 갈아놓는 타입.

집에 있는 관엽 식물을 죽이지 않는 타입.

프린터 잉크도 교환해주는 타입.

POINT

귀찮아서 못 본 척하기 쉬운 일을 딱히 싫은 기색 없이 자진해서 해준다.

좋은사람 No.

4

발표할 때 미소 띤 얼굴로
고개를 끄덕이며 들어주는 사람

너무 눈에 띄게 반응하면 발표자가 오히려 긴장할까 봐 자제하고 있다.

발표 뒤에는 질문을 하거나 느낀 점을 말해 분위기를 띄워준다.

POINT

발표할 때 아무도 웃지 않으면 불안하므로, 다른 사람이 발표할 때는 반드시 웃어준다.

좋은 사람 No.

5

질문 시간에 아무도
손을 들지 않을 때 나서주는 사람

"귀중한 이야기 감사합니다"로 말문을 연다.

가장 먼저 손을 들어 다른 사람이 질문을 생각할 시간을 벌어준다.

그룹 채팅에서도 꼬박꼬박 반응해주는 타입.

POINT

"질문 있으신 분?" 뒤의 어색한 시간을 만들지 않기 위해, 발표를 들으며 미리 질문을 생각해둔다.

좋은사람 No.

6

비밀번호를 보지 않도록 시치미 뗀 얼굴로 대각선 위쪽을 바라봐주는 사람

보지 않기 위해서라기보다, '안 볼 거예요!'라는 의사를 표시하기 위해서일 때도 있다.

매장 출구까지 쇼핑백을 들어주는 경우가 많다.

"비밀번호가 틀렸습니다"라는 안내가 나올 때 단말기 화면을 봐도 될지 초조해한다.*

POINT
손으로 숨기거나, 다른 작업을 하는 척하거나, 뒤를 돌아보는 등 다양한 패턴이 있다.

* 예전에는 카드 결제 시 단말기에 비밀번호를 입력해야 했지만, 요즘은 카드를 단말기에 갖다 대는 형태의 결제 방식이 보편화되고 있다.(역자 주)

좋은사람 No.

7

학교에서 뒷자리 친구에게 프린트물을 넘겨줄 때 꼭 뒤돌아서 건네는 사람

상대가 받았다는 것을 확인한 다음에 손을 뗀다.

프린트물이 부족할 때는 뒷자리 친구에게 주고 자기 것을 받으러 간다.

POINT
등을 돌린 채 주면 쌀쌀맞아 보여서 친구가 상처 입을까 봐, 반드시 뒤를 돌아보도록 신경 쓴다.

칼럼

'좋은 사람'을 발견하면, 나 자신도 '좋은 사람'이라는 사실을 깨닫는다

— 사사키 히나

자기 자신이 '좋은 사람'이라는 생각이 들 때가 있나요?

저는 이 전시를 기획하기 전까지, 스스로를 '좋은 사람'이라고 생각하는 경우가 없었습니다. 애초에 '나 자신이 좋은 사람인지 아닌지'를 그다지 심각하게 생각해본 적이 없었던 듯합니다.

하지만 이 전시회를 기획하며 '너무 좋은 사람의 행동'을 잔뜩 수집하다 보니, '어? 나도 이런 행동이라면 하는 것 같은데……?'라는 생각이 들었습니다.

'좋은 사람'을 발견하면 자기 자신의 '좋은' 부분에도 눈을 떠서, 자신이 조금 더 좋아질 수도 있겠지요. 또한 본인이 모르는 사이에, 누군가에게는 '좋은 사람'이 되어 있을지도 모릅니다.

분명 이 도감 속에는 '에이, 이런 건 당연한 행동이잖아' 싶은 것도 있겠지요. 하지만 그건 바로 당신이 '좋은 사람'이기 때문이니, 넉넉한 마음으로 즐겁게 읽어주시면 좋겠습니다.

좋은사람 No.

8

시험지를 돌려줄 때 점수 부분을 가리고 건네는 선생님

"이번에 열심히 했네"라는 식의 말을 모든 학생에게 작은 소리로 해준다.

자국이 남지 않도록 가볍게 접어서 준다.

시험 직전의 수업 시간을 자습으로 돌려주는 타입의 선생님 중에 많다.

POINT

공부는 주위 친구들과 비교하지 말고, 느긋한 마음으로 즐겁게 해나가기를 바라는 마음이 담겨 있다.

좋은사람 No.

9

비닐봉지 사이즈를 고민하고 있을 때 "이 정도 양이면 중간 크기면 돼요" 하고 알려주는 직원

PART 1 ─ 직장・학교

머릿속에는 어떤 순서로 집어넣으면 좋을지 계획이 서 있다.

손님이 들고 가기 쉽도록 넣는 순서에도 신경을 쓴다.

POINT
익숙한 작업이라고 방심했다가 "다 안 들어가네" "봉지가 너무 컸군" 하는 일이 없도록, 매번 신중하게 판단한다.

좋은사람 No.

10

바쁠 때도 말을 걸면 일단
키보드 치는 손을 멈춰주는 선배

곧바로 손을 뗄 수 없을 때는 "2분만 기다려줘" 하고 세심하게 알려준다.

하나를 물어보면 다섯 개를 알려준다.

POINT
자신이 후배라면 당하기 싫은, '이어폰을 꽂은 채로 대답하기'를 절대로 하지 않으려고 신경 쓴다.

"모르는 거 있으면 또 물어봐!" 하며 잘 챙겨준다.

너무 좋은 사람 퀴즈 1

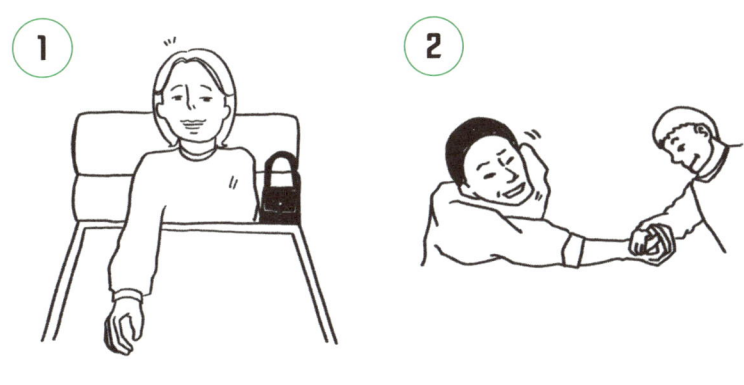

이들은 어떤 '좋은 사람'일까요? 뒷장에 해답이 있어요!

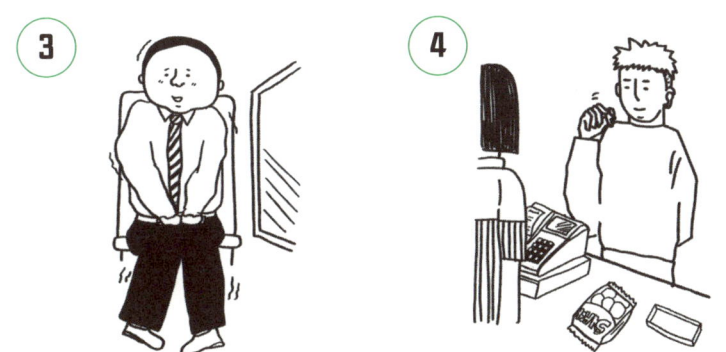

ANSWER 해답

1
"가방은 여기에 둬!"
하고 말해주는 사람

POINT
짐 보관용 상자가 없거나 가방을 걸어놓기 어려운 의자일 때, 즉시 눈치채고 말을 걸어준다.

2
팔씨름에서 일부러
져주는 사람

POINT
처음부터 힘을 빼는 게 아니라, 접전을 펼친 끝에 마지막에 완력을 조절한다.

3
창가 자리에 앉으면 한계가
올 때까지 요의를 참는 사람

POINT
자신이 화장실에 가면 옆자리 사람을 일으켜야 하는 것이 너무나 미안한 나머지, 한계가 올 때까지 참는다.

4
계산대에서
이어폰을 빼는 사람

POINT
사실 끼고 있어도 들리지만, 어쩐지 실례일 것 같아서 뺀다.

좋은사람 No.

11 월초에 달력을 뜯어주는 사람

누구의 업무도 아닌 일이지만 반드시 누군가가 해주고 있다.

POINT

누군가가 해주겠거니, 하고 모두가 생각하는 종류의 일을 귀찮아하지 않고 선뜻 해치운다.

좋은사람 No.

12

튀어나와 있는 의자를
전부 집어넣고 자리를 떠나는 사람

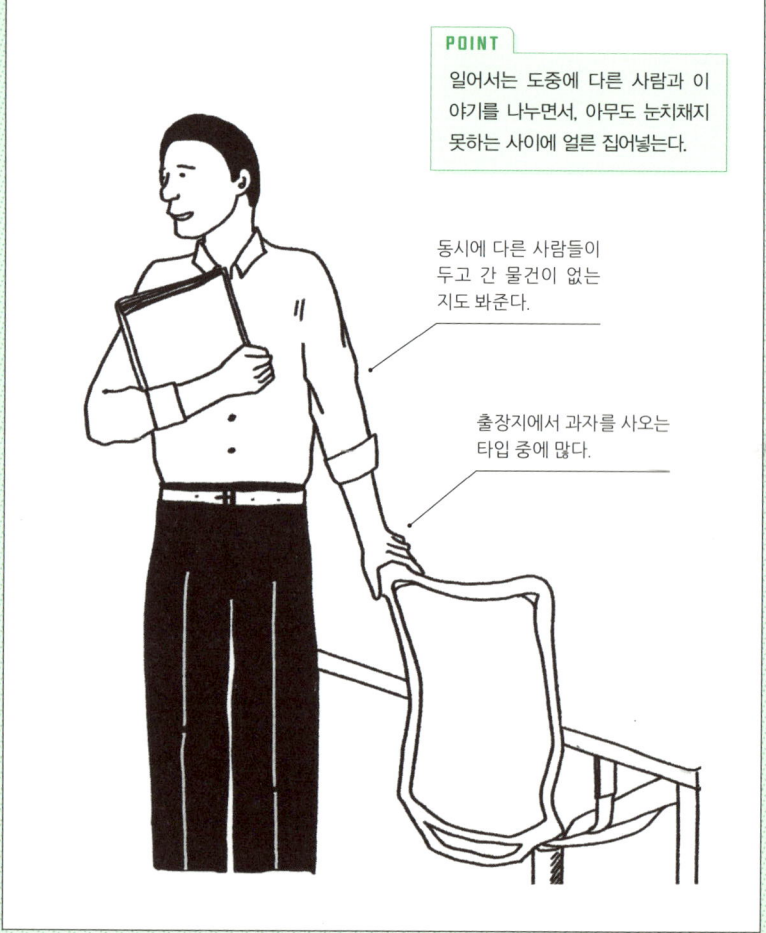

POINT

일어서는 도중에 다른 사람과 이야기를 나누면서, 아무도 눈치채지 못하는 사이에 얼른 집어넣는다.

동시에 다른 사람들이 두고 간 물건이 없는지도 봐준다.

출장지에서 과자를 사오는 타입 중에 많다.

좋은사람 No.

13

친구가 결석한 날에는 평소보다 깨끗한 글씨로 필기하는 사람

쓸데없는 참견은 아닐까 싶어서 공책을 건넬 때 조금 긴장한다.

굳이 복사까지 해주기도 한다.

친구가 보기 편하게 컬러 펜을 사용한다.

POINT

수업을 안 들어도 노트를 보면 이해가 되게끔 필기하고 있는지 주의를 기울이며, 평소보다 훨씬 더 정성껏 쓴다.

좋은사람 No.

14

와이파이 연결이 안 되어 당황할 때 "핫 스폿 켜줄까?" 하고 물어봐주는 사람

아무 말도 안 했는데 무엇 때문에 난처한지 알아차리는 관찰력.

POINT

주위를 두리번거리거나 와이파이 비밀번호가 적힌 종이를 찾는 등, 언뜻 봐서는 알아채기 힘든 동작도 절대로 놓치지 않는다.

칼럼

'좋은 사람 발견 찬스'를
놓치지 않는다

– 묘엔 스구루

무지개 색깔은 일본에서는 '일곱 가지'지만 미국에서는 '여섯 가지', 인도에서는 '네 가지'라고 합니다.

색깔을 보는 방식이나 그 색깔을 나타내는 단어의 존재 여부가 나라와 문화마다 달라서 무지개 색깔 개수에 차이가 생긴다지요.

이와 마찬가지로, 이 세상에 존재하는 '좋은 사람'의 수는 당신이 '좋은 사람을 발견해서 인식한 수'라고 말할 수 있을지 모릅니다.

예컨대 당신 앞에서 계산 중인 손님이 계산대에 100엔짜리 동전을 잔뜩 냈다고 칩시다. 보통 때라면 성가신 손님일 수 있겠지요. 하지만 그는 어쩌면 "100엔짜리 동전이 부족합니다"라고 적혀 있는 종이를 보고, 아무 말 없이 100엔짜리 동전을 많이 내준 손님일 수도 있습니다.
이처럼 상황이나 시각에 따라 '좋은 사람'을 발견하기도 합니다.

그렇게 생각하면, 우리에게는 놓치고 있는 '좋은 사람 발견 찬스'가 아직 많이 있을지도 모르지요.

이 글도, 독자 여러분이 되도록 읽기 쉽게 행갈이를 한 '좋은 사람'이 썼으니까요…….

좋은사람 No.

15

잔돈이나 영수증을 지갑에 넣을 때 "천천히 하셔도 돼요"라고 말해주는 계산대 직원

'지갑 속은 안 보고 있어요'라는 분위기를 풍기는 전문가이기도 하다.

손님이 허둥거리지 않도록 다른 작업을 하는 척 연기해주기도 한다.

잔돈을 다 넣을 때까지 영수증을 건네지 않고 기다려주는 타입도 있다.

POINT

급한 마음에 일단 지갑에 되는 대로 쑤셔 넣는 손님이 많아서, 어떻게 하면 그들을 느긋하게 만들어줄지를 항상 생각한다.

좋은사람 No.

16

출장을 다녀올 때마다
기념품 과자를 사다주는 상사

새콤한 맛과 달콤한 맛 중에서 고르게 해 줄 때도 있다.

개별 포장된 타입으로 사려고 신경을 쓴다.

기념품 가게

POINT

기념품 과자는 받을 때마다 기쁠 거라는 생각에, '바로 옆 동네인데?!' 싶은 단거리 출장에서도 매번 사온다.

좋은사람 No.

17

"시험에 나온다고는 말 못하지만, 이건 잘 들어둬"라고 이야기해주는 선생님

해답란을 세로로 읽어보면 '졸' '업' '축' '하' '해' 같은 글귀가 되도록 해주는 타입.

학생들의 만우절 장난 같은 것에도 잘 속아주는 타입.

POINT

학교 규정상 명확하게 가르쳐줄 수는 없지만, 어떻게든 말해주고 싶어서 결과적으로 지나치게 알기 쉬운 표현을 쓰고 만다.

PART 2

취미·놀이 활동에서 만나는 좋은 사람

좋은사람 No.

18

노래방에서 다른 사람이 노래하고 있을 때 핸드폰을 보지 않는 사람

노래하는 사람이 분위기를 띄워주기를 바라는 타입인지, 열창하고 싶은 타입인지 구분해낸다.

입력한 노래 제목이 화면에 뜨자마자 "아, 이거 좋지~" 하고 말해준다.

POINT

노래할 때 다른 사람이 핸드폰을 보면 슬퍼지는 것을 알기 때문에, 곡과 곡 사이에 재빨리 확인한다.

좋은사람 No.

19 콘서트장에서 응원 부채를 낮게 들어주는 사람

은테이프*는 너무 많이 받아오지 않는다.

이쪽 봐줘

POINT
공식적인 규정이 없더라도 올림머리나 모자를 지양하는 등, 모처럼 열리는 라이브 공연에서 다른 사람을 불쾌하게 만들지 않도록 주의를 기울인다.

* 일본의 콘서트 문화 중 하나. 주최 측에서 가수 이름과 투어명 등이 적힌 반짝이는 테이프(일명 은테이프)를 준비해 관객석으로 뿌려준다.(역자 주)

좋은사람 No.

20 " 나 설거지 좋아하거든~ " 이라고 말하는 사람

POINT

개수대는 모두와 떨어진 곳에 있어서 소외감이 들기 때문에 다들 설거지를 달가워하지 않지만, 아무도 눈치채지 못하는 사이에 후다닥 시작한다.

배려심에서 나온 행동이지만, 실은 꽤 좋아하기도 한다.

설거지하고 있는 친구에게 말을 걸어주러 가는 이도 상당히 좋은 사람.

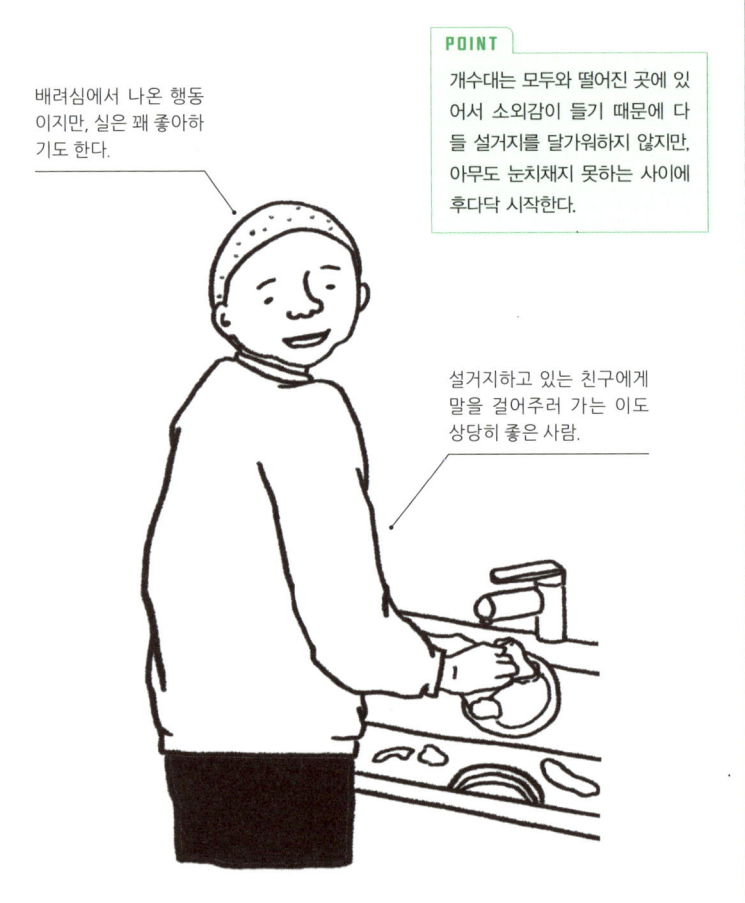

좋은사람 No.

21

집에서 마실 때 부탁하지 않아도 얼음을 사오는 사람

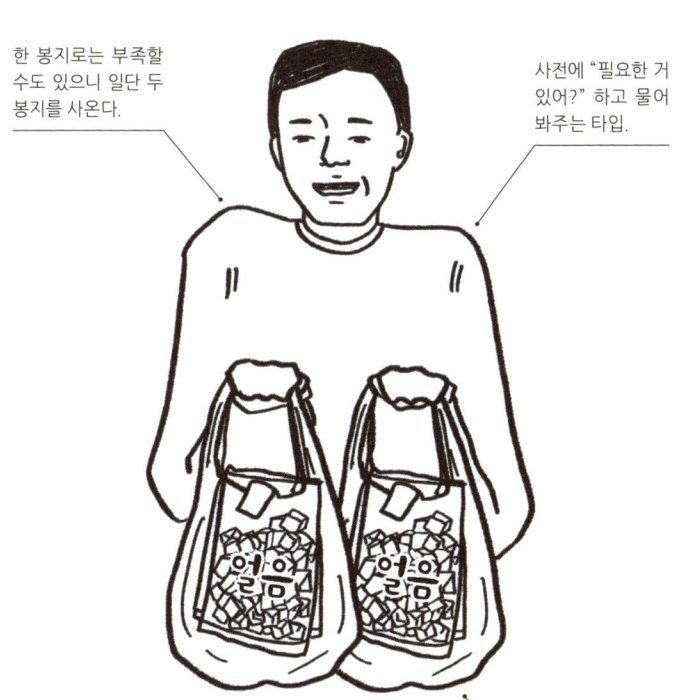

한 봉지로는 부족할 수도 있으니 일단 두 봉지를 사온다.

사전에 "필요한 거 있어?" 하고 물어 봐주는 타입.

남의 집에 들어가야 하므로 양말을 반드시 신고 있다.

POINT
있으면 꽤 유용한데도 까먹고 안 사는 물건의 대표 격. 특히 술자리 중간에 들어가면 다들 얼음을 찾는다는 사실을 안다.

좋은사람 No.

22 집에서 마신 뒤 "전부 그냥 두고 가"라고 말해주는 집주인

POINT

손님이 뒷정리하게 만드는 것에 대한 미안함이 귀찮음을 이기지만, 홀로 치울 때 쓸쓸하긴 하다.

칼럼

'체험 유행'과 숏폼 시대

– 묘엔 스구루

요즘은 '체험'이 유행하는 시대인 듯합니다. 코로나19 사태를 거치며 실제 장소에서 하는 체험의 가치가 높아진 것도 있지만, 저는 '숏폼의 일반화'가 이 체험 유행을 뒷받침한다고 생각합니다.

유행과 통신 환경은 떼려야 뗄 수 없는 관계입니다. '송수신할 수 있는 데이터의 양으로 그 시대의 유행이 결정된다'라고 해도 과언이 아니겠지요.

텍스트 웹 시대에는 블로그, 사진 웹 시대에는 잘 나온 사진, 그리고 현재의 동영상 웹 시대에는 틱톡이나 인스타그램 릴스 같은 것이 유행하고 있습니다.

'체험'은 동영상으로 공유하기 쉽기 때문에 지금은 고객이 영상으로 어떻게 남길지(게다가 세로 화면으로), 어떻게 찍을지에 무게를 두고 기획을 합니다.

가게 주인이 올린 영상이 아니라 찾아와준 손님이 올린 영상이 100만 회 재생되는 설계. '소풍은 집에 갈 때까지'*라는 말처럼, '기획은 공유될 때까지'인 시대로구나 싶습니다. 마지막에 그럴싸한 말을 하긴 했지만, 저도 잘할 자신이 없습니다.

* '집으로 안전하게 돌아가는 것까지 소풍에 포함된다'라는 뜻으로, 소풍날 안전 귀가를 장려하기 위해 일본의 선생님들이 자주 하는 말.

좋은 사람 No.

23

모두가 1차의 흥겨움 속에서 담소를 나눌 때 2차 장소를 물색해주는 사람

게다가 1차 모임 비용까지 걷어주기도 한다.

다른 사람이 신경 쓰지 않도록 구석으로 가서 통화한다.

예약한 뒤에는 가게까지 앞장서서 이끌고 가준다.

POINT

"슬슬 나갈까?"라는 말이 나올 때면 이미 2차 장소가 결정되어 있는 절묘한 타이밍으로 물색한다.

좋은사람 No.

24 | 영화관에서 소리 나지 않도록 노력하며 팝콘을 먹는 사람

엔딩 크레디트도 마지막까지 꼼꼼하게 보는 타입이 많다.

소리를 안 내고 먹는 데 신경이 쏠려서 영화에 집중하지 못할 때가 있다.

POINT

입에 넣어 눅눅하게 만든 다음에 먹거나, 소리가 큰 장면에서 먹으려고 신경을 쓴다.

좋은사람 No.

25

짝수로만 탈 수 있는 놀이기구에서 혼자 타주는 사람

모두가 타고 있는 모습을 사진까지 찍어주기도 한다.

다른 사람들이 신경 쓰지 않도록 "혼자서 타는 편이 스릴 있어"라고 말하기도 한다.

POINT

"진짜 괜찮아, 난 혼자 타도 즐거운 타입이거든!" 하며 자진해서 홀로 타기를 선택한다. 타고 있는 동안에도 다른 사람들이 마음 쓸까 봐 손을 흔들어준다.

좋은사람 No.

26 피자 주문 전화를 걸어주는 사람

다 함께 흥겹게 고른 뒤에 붕 뜨기 쉬운 역할을 자진해서 맡아 준다.

"직접 가져가면 반값으로 해준대. 가까우니까 다녀올게!"

POINT

회원 등록, 사이즈 선택, 토핑 선택 등 꽤 번거로운 주문을 전혀 귀찮은 내색 없이 한다.

좋은사람 No.

27 | 여러 명이 같이 셀카를 찍을 때 셔터를 눌러주는 사람

SNS에 올리는 건 본인보다 친구가 잘 나온 사진.

찍기 전에 화면을 거울로 이용해 옷매무새를 확인해준다.

화면 구석에 찍혀서 잘리거나 일그러지기 쉽다.

POINT

얼굴이 크게 나오기 때문에 피하고 싶은 포지션이지만, "추억이니까 이상하게 나와도 괜찮아"라며 자진해서 휴대폰을 든다.

좋은사람 No.

28 여행 때 멀티탭을 가져오는 사람

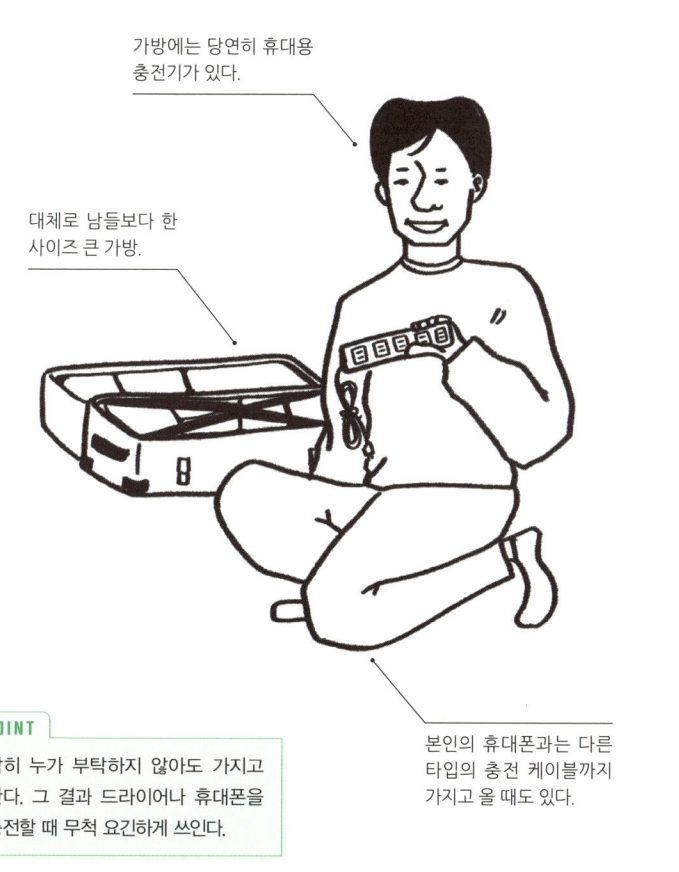

가방에는 당연히 휴대용 충전기가 있다.

대체로 남들보다 한 사이즈 큰 가방.

본인의 휴대폰과는 다른 타입의 충전 케이블까지 가지고 올 때도 있다.

POINT
딱히 누가 부탁하지 않아도 가지고 간다. 그 결과 드라이어나 휴대폰을 충전할 때 무척 요긴하게 쓰인다.

좋은사람 No.

29   "조금만 더 가면 돼요~!" 하고 격려해주는 하산하는 사람

고산병을 염려해 적절하게 수분 보급을 해준다.

본인은 지치지 않았어도 동행자를 배려해 "이쯤에서 쉴까?" 하고 휴식을 청한다.

POINT

앞이 보이지 않는 하산 길에서 한 가닥 희망을 안겨준다. 그 모든 건 조금이라도 등산을 즐거운 추억으로 남겨줬으면 하는 산에 대한 사랑과 상냥한 마음.

만일을 대비해 비상식량을 넉넉하게 가지고 있다.

좋은사람 No.

30   영화의 엔딩 크레디트도 끝까지 보는 사람

POINT

엔딩 크레디트가 올라가는 도중에 자리를 뜨는 것은 어쩐지 미안하게 느껴져서 마지막까지 앉아 있다. 하지만 다른 사람이 도중에 나가는 것은 전혀 신경 쓰지 않는다.

딱히 흥미가 있는 건 아니지만 왠지 일어설 수 없다.

그다음 일정을 잠시 생각하기도 한다.

31. "이거 어디 거야?"라고 물으면 상품 링크도 함께 보내주는 사람

보내기 전에 재고가 있는지 확인한다.

혹시 더 싸게 파는 곳이 있는지 검색해보고 알려준다.

POINT

상대방이 사기 쉽도록 "마음에 들면 커플로 하자!"고 자신이 먼저 말해준다.

좋은사람 No.

32

노래방에 가면 자진해서 첫 번째 곡을 입력하는 사람

일단 모두가 아는 노래를 고른 다음, "부르고 싶은 사람 있어?"라고도 묻는다.

발라드는 절대 금지.

탬버린을 맡아주는 타입.

POINT

그날의 노래방 분위기를 좌우하는 첫 번째 곡은 모두가 적당히 흥겨워지는 노래로 골라 넣는다.

좋은사람 No.

33

"5반의 5 포즈로 사진 찍자"라고 제안해주는 사람

사진에 찍혔을 때 좌우가 바뀌지 않도록, "이 방향이야" 하고 알려준다.

사진을 다시 볼 때는 역시 좀 부끄럽긴 해도 좋은 추억이 된다.

POINT

단체 사진에서 어떤 포즈로 찍을지 모두가 망설일 때, 일단 분위기를 띄우면서 부끄럽긴 해도 먼저 나서서 말한다.

좋은사람 No.

34 설령 돌아보지 않더라도 상대가 보이지 않을 때까지 지켜보는 사람

언제까지 손을 흔들어야 할지 매번 고민한다.

헤어진 직후에 "오늘 재밌었어! 또 같이 놀자~!" 하고 메시지를 보낸다.

POINT

돌아봐주지 않는 경우도 많지만, 만에 하나 돌아봤을 때 상처받지 않도록 상대가 시야에서 사라질 때까지 바라보고 있다.

너무 좋은 사람 퀴즈 *2*

이들은 어떤 '좋은 사람'일까요? 뒷장에 해답이 있어요!

ANSWER 해답

1
배달원이 갔을 무렵을 계산해 현관문을 잠그는 사람

POINT
곧바로 문을 잠그면 기분 나쁠까 봐 눈치채지 못하도록 살짝 잠근다.

2
친구가 출연하는 공연에 꼬박꼬박 가는 사람

POINT
딱히 공연을 좋아하지 않더라도 응원하기 위해 꼬박꼬박 간다. 선물도 매번 꼭 챙겨 간다.

3
가게에서 "사진 찍어도 될까요?" 하고 물어본 다음에 사진을 찍는 사람

POINT
사진을 찍어도 되는 가게라도 주변 손님들을 배려해 셔터 소리를 가장 작게 줄여두고 찍는다.

4
미용사가 "머릿결 좀 만져보세요"라고 말하면 "우와! 찰랑찰랑해졌어요~!!!" 하고 크게 반응해주는 사람

POINT
솔직히 명확한 차이를 못 느낄 때도 있지만, 그것과 상관없이 과장된 리액션을 고수한다.

| 좋은사람 No. **35** | ## 친구 집에서 샤워할 때 물을 최소한으로 쓰는 사람 |

"먼저 씻어!" "아냐, 괜찮아" "진짜 괜찮으니까 너 먼저 해" 하는 실랑이를 거친 다음의 모습.

POINT

수압은 약하게, 물이 필요 없을 때는 수도꼭지를 부지런히 잠근다. 샴푸나 보디워시도 딱 한 번만 짜서 쓴다.

| 좋은사람 No. **36** | ## 라이브 공연에서 누구보다 큰 목소리로 먼저 "앵콜!" 하고 외쳐주는 사람 |

POINT

'슬슬 앵콜을 외칠 때인가……?' 하며 모두가 주위를 둘러보는 최고의 타이밍에 외치기 시작한다.

'아무도 같이 외쳐주지 않으면 어쩌지?' 하며 조금 불안해한다.

좋은사람 No.

37

동아리 합숙에서 아침에 일어나면 바로 정리를 하는 사람

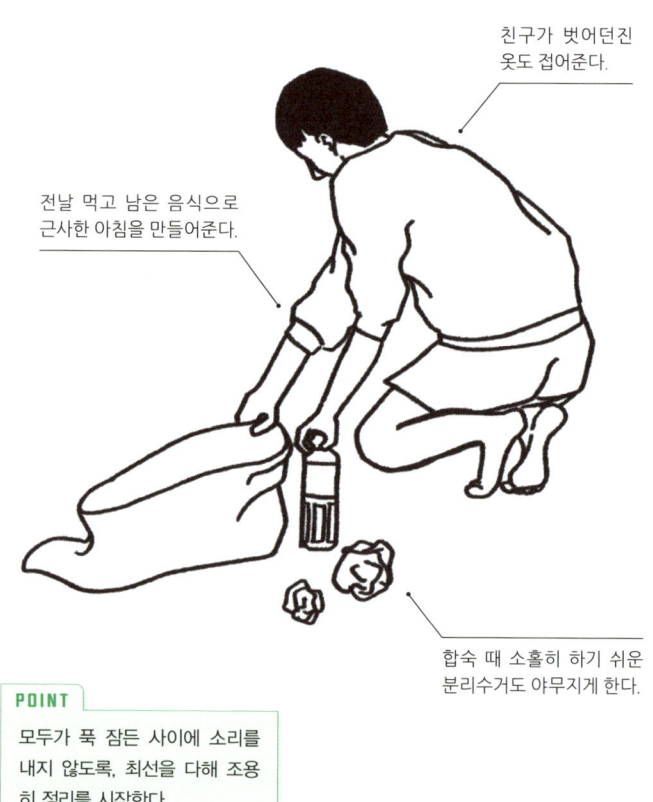

친구가 벗어던진 옷도 접어준다.

전날 먹고 남은 음식으로 근사한 아침을 만들어준다.

합숙 때 소홀히 하기 쉬운 분리수거도 야무지게 한다.

POINT

모두가 푹 잠든 사이에 소리를 내지 않도록, 최선을 다해 조용히 정리를 시작한다.

좋은사람 No.

38

영화관에서 옆이 비어 있는 쪽 자리를 양보해주는 사람

지나치게 배려한 나머지 팔걸이를 양쪽 다 쓰지 못할 때가 많다.

스크린의 중심에 가까운 자리도 자주 양보한다.

POINT

물론 속으로는 본인도 편하게 보고 싶다고 생각하지만, 다른 사람에게 더 좋은 자리를 양보해주려는 마음이 있다.

좋은사람 No.

39 | 인스타그램에 올리기 전에 "이 사진 올려도 돼?" 하고 매번 확인해주는 친구

본인은 잘 나오지 않았지만 친구가 잘 나온 사진을 올릴 때가 많다.

단체 사진에서도 이상하게 나온 사람이 없는지 하나하나 확인한다.

"아, 그리고 태그해도 돼?"

POINT
자신이 보기에는 괜찮아도 찍힌 사람은 싫어하는 경우가 있으므로, 멋대로 판단하지 않고 꼭꼭 물어본다.

PART 3

밥
먹을 때
만나는
좋은 사람

좋은사람 No.

40

"얼마든지 드세요"라고 말해주는 로스트비프 써는 사람

POINT
자기가 서 있어서 손님들이 마음껏 가져가지 못하는 게 아닐지 조금 걱정된다.

"오믈렛 토핑도 몇 종류든 괜찮아요."

"두껍게 썰어줬어요."

좋은사람 No.

41

바비큐 할 때 "먹고 있어, 먹고 있어~"라고 말하는 사람

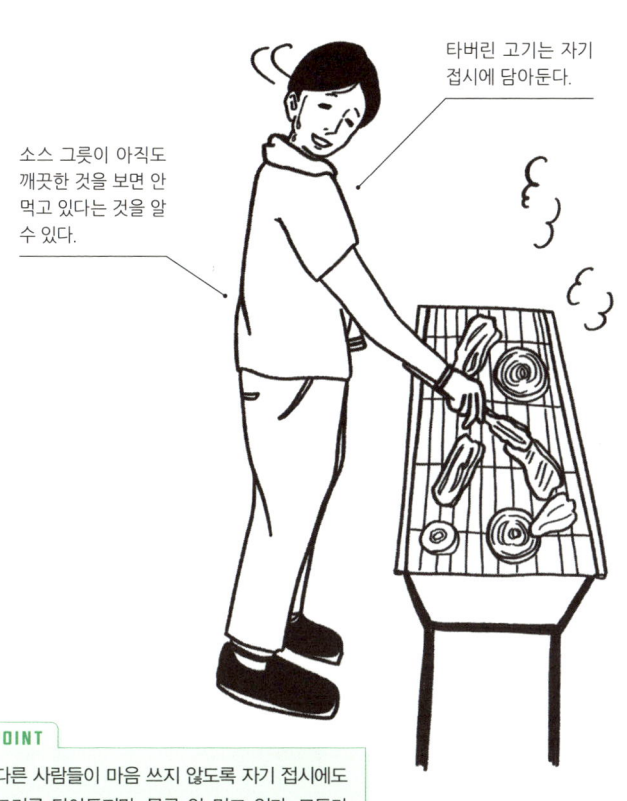

타버린 고기는 자기 접시에 담아둔다.

소스 그릇이 아직도 깨끗한 것을 보면 안 먹고 있다는 것을 알 수 있다.

POINT

다른 사람들이 마음 쓰지 않도록 자기 접시에도 고기를 담아두지만, 물론 안 먹고 있다. 모두가 즐거워하면 그걸로 됐다고 진심으로 생각한다.

좋은사람 No.

42 | 직원이 요리를 가지고 왔을 때 식탁에 자리를 만들어주는 사람

일행과 이야기를 나누며 자연스럽게 접시를 밀어주는 타입도 많다.

다 먹은 접시를 건넬 때는 "잘 먹었습니다"라고 말한다.

POINT
손을 쓸 수 없는 직원을 대신해 즉시 움직이며, 음식이 조금밖에 안 남은 접시는 "먹어치우자~" 하며 비워둔다.

좋은사람 No.

43 빵 앞에서는 한 마디도 하지 않는 사람

'프로 좋은 사람'은 반드시 머리도 묶는다.

POINT
침을 튀기지 않도록 주의한다. 어째서인지 이따금 숨까지 참는다.

한번 건드린 빵은 꼭 산다.

PART 3 밥 먹을 때

좋은사람 No.

44 | 고기가 맛있게 익었을 때 불판 가장자리로 옮겨주는 사람

마지막은 각자의 타이밍에 맡기는 편이 좋으므로 굳이 나눠주지 않는다.

그릴 교환도 가장 적절한 순간에 부탁해준다.

POINT

모두가 최고로 맛있는 상태로 먹었으면 하는 마음에, 알맞게 굽히는 타이밍을 엄격하게 관리한다.

좋은사람 No.

45

회전초밥집에서 계산하기 전에
금액별로 접시를 구분해 쌓아주는 사람

가져가기 쉽도록 열 장씩 쌓아둔다.

더욱 가져가기 쉽도록 통로 쪽으로 밀어놓는다.

POINT
직원의 부담을 조금이라도 줄여주려고 한다. 달걀찜이나 디저트 그릇은 접시 탑에 가려지지 않도록 앞쪽에 둔다.

좋은사람 No.

46

가게에서 서프라이즈 파티를 할 때 야무지게 박수 쳐주는 사람

> **POINT**
> '영상을 찍고 있을지도 모르니까' 하고 배려해서 끝까지 조심스럽게 친다.

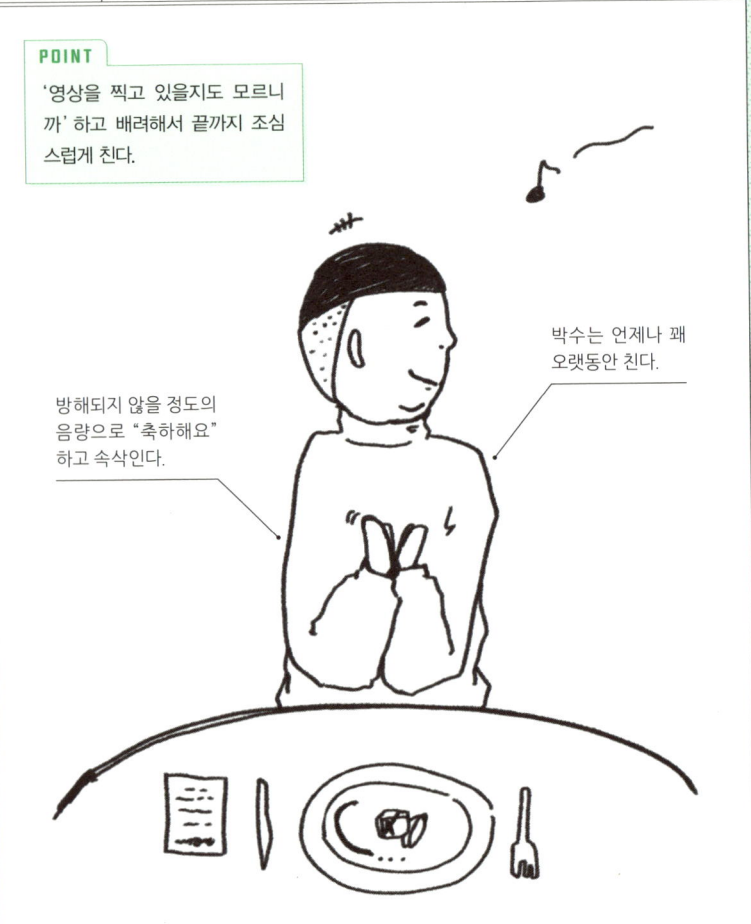

방해되지 않을 정도의 음량으로 "축하해요" 하고 속삭인다.

박수는 언제나 꽤 오랫동안 친다.

좋은사람 No.

49

"먹어치울게~" 하며 접시를 정리해주는 사람

모두가 꺼내기 힘들어하는 말을 적절한 순간에 해준다.

POINT

모두가 건드리기 어려워하는 마지막 하나를 시원시원하게 먹음으로써, 서로 어색하게 양보하는 상황을 막아준다.

| 좋은사람 No. **47** | # 먼저 나서서 몬자야키*를 부쳐주는 사람 |

POINT

언뜻 보면 즐기는 것 같기도 하지만, 반죽을 몇 번이나 나눠 붓는 공정이 상당히 귀찮다는 사실을 알고 있기 때문에 솔선해서 부쳐준다.

"이 부분이 진짜 맛있게 구웠으니까 먹어!" 하며 먼저 먹게 해준다.

지나치게 작은 볼 속에 든 반죽이 쏟아지지 않도록 신중하게 섞는다.

* 묽게 푼 밀가루에 각종 채소와 해산물 등을 넣고 부쳐 먹는 일본의 요리.(역자 주)

| 좋은사람 No. **48** | # 라멘집에서 다 먹은 그릇을 카운터로 올려놓는 사람 |

본인보다 먼저 다 먹은 주변 손님을 관찰해서 추측해낸 그 가게의 규칙을 따른다.

가끔 있는 '카운터에 올려두지 말았으면 하는 타입의 가게'도 식별해낸다.

POINT

직원이 정리하기 쉽도록 배려한다. 테이블을 냅킨으로 닦은 뒤 "잘 먹었습니다!"라고 말하는 것까지가 세트.

좋은사람 No.

50 고깃집에서 살짝 탄 고기를 자진해서 먹는 사람

거의 숯이 된 것도 차마 버릴 수 없어서, 소스를 듬뿍 찍어 먹는다.

"많이 구운 걸 좋아해~"

POINT

알맞게 구운 고기를 다른 사람들에게 나눠주고, 탄 고기는 자기 접시에 담는다.

좋은사람 No.

51 혼자서 밥을 먹을 때 조그맣게 "잘 먹겠습니다"라고 말하는 사람

POINT

몸에 배어 있어서 거의 무의식중에 말한다. 혼자 있다는 것은 전혀 상관없지만, 일단 목소리는 작아진다.

식전 인사를 하는 게 너무나 당연해서, 그로써 좋은 사람으로 인정을 받는다는 것이 신기하다.

좋은사람 No.

52 메뉴판을 상대방 방향으로 펼쳐주는 사람

두 메뉴 사이에서 고민하고 있으면, "그럼 내가 이거 시킬 테니까 반씩 나눠먹자!"라고 말해준다.

'아, 이 페이지 다 봤구나' 싶을 때 적당한 속도로 다음 장으로 넘겨준다.

POINT
보기 힘들 게 뻔한데도 "괜찮아, 잘 보여, 잘 보여!"라고 말하고는 한다.

주문한 다음에는 메뉴판을 자기 등 뒤에 놓아둔다.

PART 3 | 밥 먹을 때

좋은사람 No.

53 | 가장 작게 잘린 피자 조각을 집는 사람

들어 올릴 때 토핑이 떨어져도 자기 조각으로 가져가지 않고 그 옆 조각을 집는 사람에게 양보한다.

POINT

치즈가 많은 것, 토핑이 많은 것, 처음부터 사이즈가 큰 것…… 무엇을 선호하는지는 사람마다 다르므로, 되도록 모든 조건에 해당하지 않는 조각을 고르려고 한다.

> 전시회 풍경

지금까지 약 3만 명이 전시장을 찾아주셨습니다.

줄 끝 알림판을 든 '좋은 사람'

좋은사람 No.

54

음식 사진을 다 찍을 때까지
조용히 기다려주는 사람

POINT

상대방이 나에게 신경을 쓰지 않고 납득이 갈 때까지 사진을 찍을 수 있도록 웃으며 상냥한 표정으로 기다려준다.

사진이 잘 나오도록 휴대폰의 손전등으로 비춰주기도 한다.

요리가 식어버려도 신경 쓰지 않는다.

좋은사람 No.

55

식기를 퇴식구에 넣을 때, 구멍을 통해 주방에 있는 직원에게 "잘 먹었습니다"라고 말하고 가는 사람

쓰레기도 한쪽으로 모아두는 등, 치우기 쉽게 정리해준다.

퇴식구

잘 먹었습니다~

POINT

식기 반환만 하는 것이 아니라, 직원에게 잘 들리도록 살짝 들여다보면서 한마디 곁들인다.

좋은사람 No.

56

남이 좌석 앞을 지나갈 때
다리를 들어주는 사람

POINT

상대가 말하기 전에 먼저 알아차리기 위해 통로 쪽 좌석에 앉을 때는 계속 신경을 쓰고 있다.

반대로 자신이 창가 자리일 때는 말을 꺼내지 못해서 참는다.

옆자리 사람에게 방해되지 않도록, 들고 다니는 짐을 가능한 한 줄여둔다.

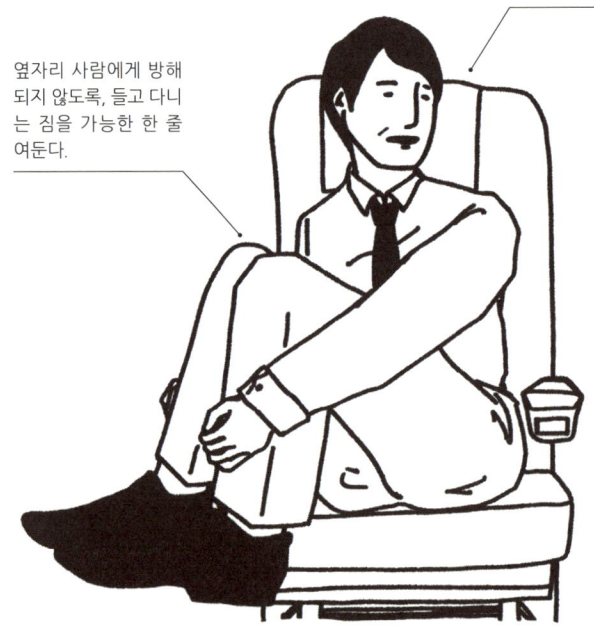

좋은사람 No.

57 | 물을 쏟았을 때 "시원해졌어~"라고 농담하며 웃겨주는 사람

"어째 우리나라 지도 같지 않아?(웃음)"

"마침 이 옷 세탁소에 맡기려고 했거든."

POINT

상대방의 죄책감을 가능한 한 줄여주기 위해, "괜찮아요"라고 말하는 것보다 웃기는 것에 힘을 쏟는다.

좋은 사람 표본

화장실에 다녀온 친구에게
방금 오간 이야기를 간략하게
알려주는 사람

직원의 속도에 맞춰가며
주문하는 사람

"편의점 들렀다 갈 건데,
뭐 사서 갈까?"라고
물어보는 사람

자기소개를 할 때
"아! 그럼 저부터!" 하고
먼저 나서주는 사람

좋은사람 No.

58 푸드코트에서 식탁에 흘린 음식물을 닦은 뒤에 자리를 떠나는 사람

너무나 자연스럽게 해치우는 나머지 주위 사람들도 알아차리지 못할 때가 많다.

POINT
자신이 흘린 것뿐만 아니라 주변 사람이 흘린 것까지 아무렇지 않게 닦아준다.

자리를 못 잡은 사람이 있으면 최선을 다해 빨리 먹고 일어선다.

좋은사람 No.

59 젓가락을 떨어트린 순간 새 젓가락을 달라고 대신 부탁해주는 사람

늦게 온 사람 몫의 물수건이 없을 때도 신속하게 눈치챈다.

POINT
옆자리가 아닌 사람들까지 자세히 보고 있기 때문에 누구보다 빨리 알아차릴 수 있다.

잔이 빈 것도 얼른 알아차린다.

좋은사람 No.

60

삼각김밥을 부탁하면 여러 종류를 사와서 남은 것을 먹는 사람

본인은 정말로 아무거나 좋다고 주장한다.

인기가 없을 듯한 종류라도 "일단은……" 하며 사버린다.

POINT

검증된 종류는 많이, 특이한 종류까지 일단 갖춰둔다. 누가 무엇을 먹을지 대충 예상해가며 조화롭게 산다.

좋은사람 No.

61 산책에서 지친 개를 안고 걷는 사람

문득 개를 위해 산책하는 것인지 자신이 걷고 싶은 것인지 알 수 없어질 때가 있다.

다른 사람에게도 나눠줄 수 있도록 배변 봉투를 여분까지 들고 다닌다.

POINT

땅이 뜨거웠던 걸까, 너무 긴 거리를 걷게 만든 걸까 등등. 걱정하는 마음이 커서 절대로 무리하게 걷게 하지 않는다.

좋은사람 No.

62

술집에서 메뉴를 주문할 때 "맛있겠다~"라고 말해주는 사람

POINT

다른 사람의 주문 센스를 칭찬해줄 뿐만 아니라, 요리가 남을 것 같으면 나서서 먹어준다.

"마침 그게 먹고 싶었어~"

직원이 메뉴를 추천해주면 "그럼 그것도"라고 말하고는 한다.

좋은사람 No.

63

저당과 무당 캔커피를 다 사와서 고르게 해주는 사람

겨울이면 뜨거운 것과 차가운 것이라는 선택지도 생긴다.

POINT

어째서인지 "미안해, 어느 쪽을 좋아할지 몰라서!"라고 사과하며 상대에게 좋아하는 쪽을 고르게 해준다.

칼럼

'싫은데'의 수만큼 '좋은 사람'이 생긴다?!

– 마나코 지에미

2023년 10월에 개최한 〈너무 좋은 사람전+싫은데전 시즌 2〉.

전시회에서는 이 책에 실은 '좋은 사람'뿐만 아니라, 일상생활 속에서 '싫은데'라고 느끼는 순간까지 함께 전시했습니다. '좋은 사람'과 '싫은데'는 동전의 앞뒤 관계라는 사실을 발견할 수 있으리라고 생각했기 때문입니다.

예컨대 '외근 중 압축 파일을 받았을 때'라는 '싫은데' 순간을 겪어본 사람은, 상대가 외근 중일 때는 확인하기 쉬운 형식으로 파일을 보내주는 '좋은 사람'이 됩니다.

그 반대의 경우도 있습니다. 가령 '화상 회의에서 혼자서라도 카메라를 켜주는' '좋은 사람'은, '온라인 사전 미팅에서 혼자서만 얼굴이 커다랗게 나온다'라는 '싫은데'의 순간을 겪고 있지만 그럼에도 카메라를 켜두고 있는지도 모릅니다.

나아가 그 '싫은데'를 깨달은 또 다른 '좋은 사람'이 있다면 어떨까요? 그는 '혼자서만 카메라를 켜둔 사람이 있을 경우, 설령 자다 깬 부스스한 얼굴이라도 카메라를 켜는 좋은 사람'이 될 테지요.

그런 식으로 '싫은데'를 겪는 수만큼 '좋은 사람'이 생겨난다면, 당신이 일상에서 느끼는 '싫은데'라는 부정적인 순간은 '좋은 사람이 될 수 있는 찬스'일지 모릅니다.

좋은사람 No.

64 민티아*를 세 알 주는 사람

POINT
달라고 하지 않아도 본인이 먹을 때 주위 사람들에게 "민티아 줄까?" 하고 물어본다.

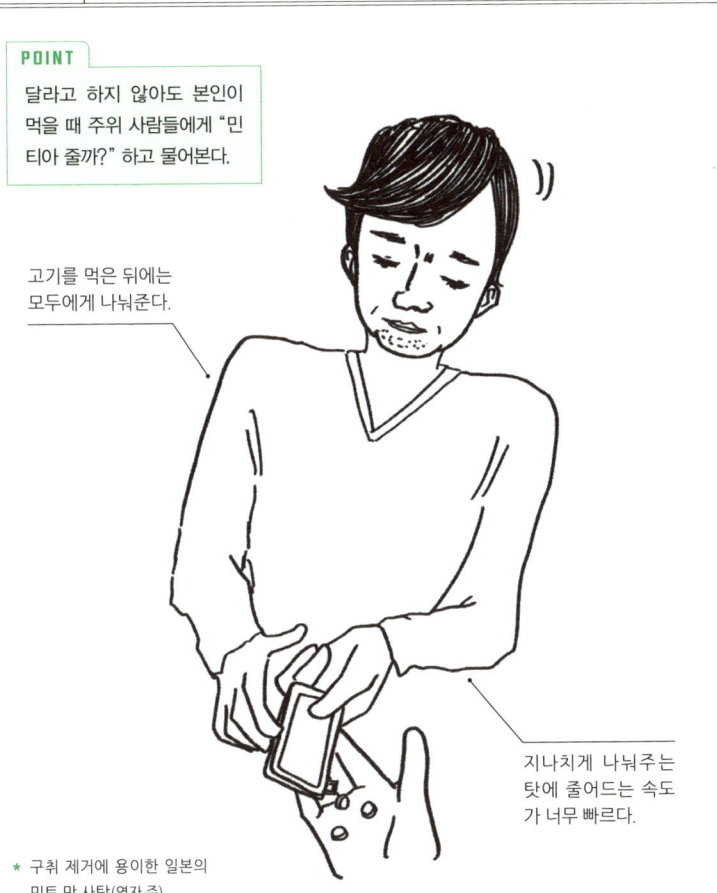

고기를 먹은 뒤에는 모두에게 나눠준다.

지나치게 나눠주는 탓에 줄어드는 속도가 너무 빠르다.

* 구취 제거에 용이한 일본의 민트 맛 사탕(역자 주)

좋은사람 No.

65

가게에 들어가기 전에 들고 있던 음료수를 전부 다 마시는 사람

방금 산 것이라도 애써 다 마신다.

탄산음료나 단 음료일 때는 상당히 힘들지만, 그래도 노력한다.

POINT

기본적으로는 다 마시지만, 음료를 가지고 들어가도 괜찮을 듯한 가게라도 만약을 위해 들어가기 전에 꼭 물어본다.

좋은사람 No.

66

가게가 혼잡할 때 "앉아 있어! 내가 주문하고 올게!"라고 말하는 사람

주문한 음식이 나왔을 때 가지러 가는 역할도 대체로 맡아준다.

줄을 서면서 메뉴판을 찍어 보내준다.

POINT
주문을 해줬는데도 자리로 돌아올 때는 어째서인지 미안해하며 "많이 기다렸지~"라고 말한다.

좋은사람 No.

67 요리가 잘못 나왔을 때 "아, 그거 먹고 싶었어요"라고 말하는 사람

계산할 때 가게에서 사과의 표시로 서비스를 해주면 미안해한다.

결과적으로 음식값이 조금 비싸져도 '맛있었으니까 됐어' 하며 신경 쓰지 않는다.

POINT

먹고 싶었던 메뉴를 못 먹는 것보다 다른 사람이 미안해하는 모습을 보는 것이 더 힘들어서 평소보다 밝게 행동한다.

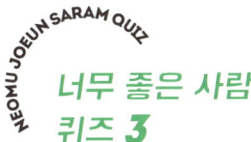

너무 좋은 사람 퀴즈 **3**

이들은 어떤 '좋은 사람'일까요? 뒷장에 해답이 있어요!

ANSWER 해답

1

로커에서 적극적으로 아래쪽을 쓰는 사람

POINT

빈칸이 많을 때도 다음에 오는 사람을 생각해 아래쪽을 쓴다.

2

집에서 발견한 벌레를 죽이지 않고 살며시 내보내주는 사람

POINT

"해치는 거 아니야." 하며 티슈 같은 것으로 감싸서 창문 밖으로 내보내준다.

3

"편의점 갈 건데, 뭐 사다 줄까?" 하고 물어봐주는 사람

POINT

자기 몫의 아이스크림을 살 때 모두의 몫까지 사지 않으면 왠지 모르게 미안해진다.

4

자리를 바꿔주면 내릴 때 다시 한번 감사 인사를 하는 사람

POINT

물론 바꿔줄 때도 인사를 하지만, 내릴 때 다시 한번 확실하게 고마운 마음을 전하고 싶어 한다.

PART 4

생활하며 만나는 좋은 사람

좋은사람 No.

68 어린이와 이야기할 때 쪼그려 앉는 사람

어린이를 지나치게 애 취급하지 않도록 신경 쓴다.

POINT

아이에게 위압감을 주지 않으려고 쪼그려 앉아 시선을 맞춘다.

좋은사람 No.

69 옆자리 손님에게 자연스럽게 콘센트를 양보하는 사람

옆자리 손님이 주문하러 간 사이에 자기 것을 슬쩍 뽑아둔다.

POINT

카페에서 나중에 온 옆자리 손님이 쓸지도 모른다는 생각에, 물어보기 전에 자신의 전원 코드를 재빨리 뽑아둔다.

좋은사람 No.

70

봉제인형을 버릴 때 가슴이 욱신거리는 사람

속으로 '미안해'라고 말한다.

하지만 귀여운 것을 발견하면 그만 사버리고 만다.

POINT

여간해서는 버리지 않기 때문에 세월의 흔적이 느껴지는 인형이다. 그래도 오랫동안 가지고 있었기에 쓸데없이 애착이 끓어올라 버리기 힘들다.

좋은사람 No.

71

발을 밟혔는데도 "죄송합니다!" 하고 본인이 사과하는 사람

> **POINT**
> 자신이 왜, 무엇을 사과했는지 스스로도 잘 모르지만 의문도 품지 않는다.

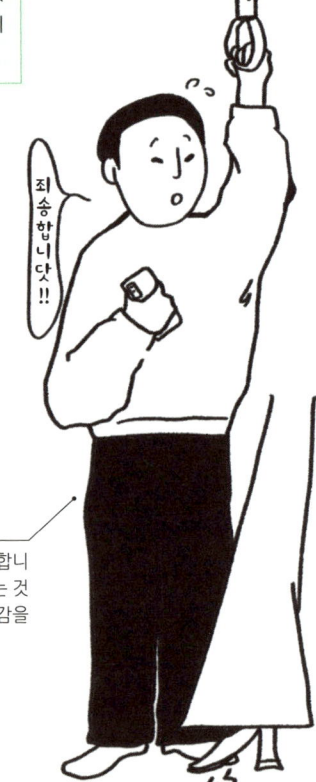

밟힌 자신이 "죄송합니다" 하고 사과했다는 것에 대해 딱히 위화감을 느끼지 않는다.

좋은 사람 표본

조용한 장소에서 탄산음료 뚜껑을 열어 소리가 났을 때 미안한 표정을 짓는 사람

물건을 잃어버린 당사자보다 더 진심으로 찾아주는 사람

빌린 충전기의 선을 아주 깔끔하게 감아서 돌려주는 사람

"아까 무슨 말 꺼내려다 말았지?" 하고 물어봐주는 사람

좋은사람 No.

72 | 길을 물어보면 본인이 모르는 곳이라도 열심히 찾아봐주는 사람

지도 앱을 열고 방향을 찾기 위해 함께 빙빙 돈다.

POINT

자신에게 물어봤는데 알려주지 못하는 것이 너무나 미안해서, 처음 보는 사람인데도 어째서인지 함께 길을 찾는다.

주변 지리에 밝아 보여서라기보다, 그저 말 걸기 쉬워 보여서 길을 물어보는 사람이 많다.

좋은사람 No.

73

"세로로도 찍을게요~"라고 말해주는 사람

"하나, 둘, 셋, 김치~"를 변형해 웃겨주는 바람잡이 유형도 있다.

본인은 얼마든지 찍어주지만, 남이 찍어준다고 하면 사양하는 경우가 많다.

POINT

책임감이 너무 강한 나머지 제대로 찍혔는지 불안해서, 다양한 각도로 여러 장 찍어둔다.

PART 4 생활

좋은사람 No.

74 페트병을 줄 때 뚜껑을 따서 건네는 사람

뚜껑을 열기 힘들어 하는 사람이 있을 때도 즉시 따준다.

거의 무의식중에 나오는 행동이기 때문에 자각하지 못하는 사람이 많다.

POINT
어차피 건네준 뒤에는 상대가 분명히 딸 것이므로, 자기가 먼저 따서 주는 게 좋다고 생각한다.

고마워하는 사람과 과하다고 생각하는 사람으로 꽤 명확하게 반응이 갈린다.

좋은사람 No.

75 에어팟을 빌려줄 때 꼼꼼하게 닦아서 주는 사람

전혀 신경 쓰이지 않은데도 오히려 미안해질 정도로 닦아서 준다.

POINT
자신이 빌려주는 쪽인데 왠지 미안해한다.

좋은사람 No.

76 | "30분 기다려야 한대요"라고 알려주는 대기열 맨 끝 사람

좋은사람 No.

77

전철에서 이어폰 블루투스가 연결되어 있는지 신경 쓰여서 한번 빼보는 사람

옆 사람의 핸드폰 화면은 최선을 다해 보지 않으려고 한다.

다리는 꼬거나 쩍 벌리지 않도록 주의한다.

POINT

'어쩌면 주위 사람들에게 들리고 있을지도?'라는 불안을 견디다 못해 한 차례 확인한다. 소리가 새어 나가는 것도 무서워서 음량을 최소로 줄여 듣는다.

전시회 풍경

엔타쿠entaku*의 회의 풍경

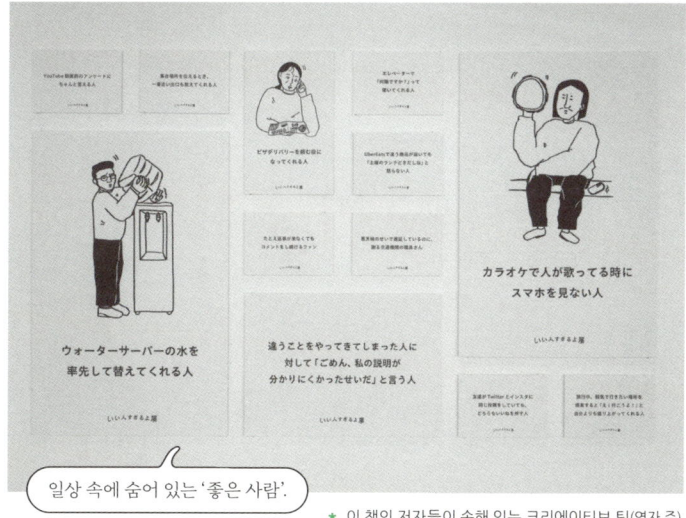

일상 속에 숨어 있는 '좋은 사람'.

* 이 책의 저자들이 속해 있는 크리에이티브 팀(역자 주)

좋은사람 No.

78

계산할 때 동전을 종류별로 구분해서 놓아주는 사람

POINT

가지고 있는 잔돈으로 딱 맞춰 내고 싶지만, 대량의 동전을 세게 만드는 것은 미안하다……라는 나름의 배려로 몇 개만 구분해서 놓는다.

동전을 자동으로 세어주는 계산대일 경우 직원 쪽이 미안해진다.

좋은사람 No.

79

당근마켓으로 중고품 거래할 때 자필 편지를 곁들이는 사람

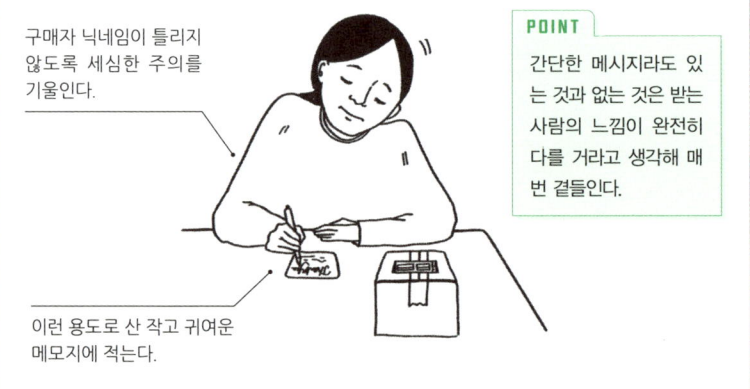

구매자 닉네임이 틀리지 않도록 세심한 주의를 기울인다.

POINT

간단한 메시지라도 있는 것과 없는 것은 받는 사람의 느낌이 완전히 다를 거라고 생각해 매번 곁들인다.

이런 용도로 산 작고 귀여운 메모지에 적는다.

좋은사람 No.

80

비행기가 뜨기 전에 기내 안전 방송을 주의 깊게 보는 사람

비상구 위치는 꼼꼼하게 확인한다.

PART 4 생활

POINT

아무도 보지 않는 기내 방송이 왠지 애잔해서, 일단 집중해서 본다.

좋은사람 No.

81

마주 오는 사람과 스쳐 지날 때 우산을 작게 접는 사람

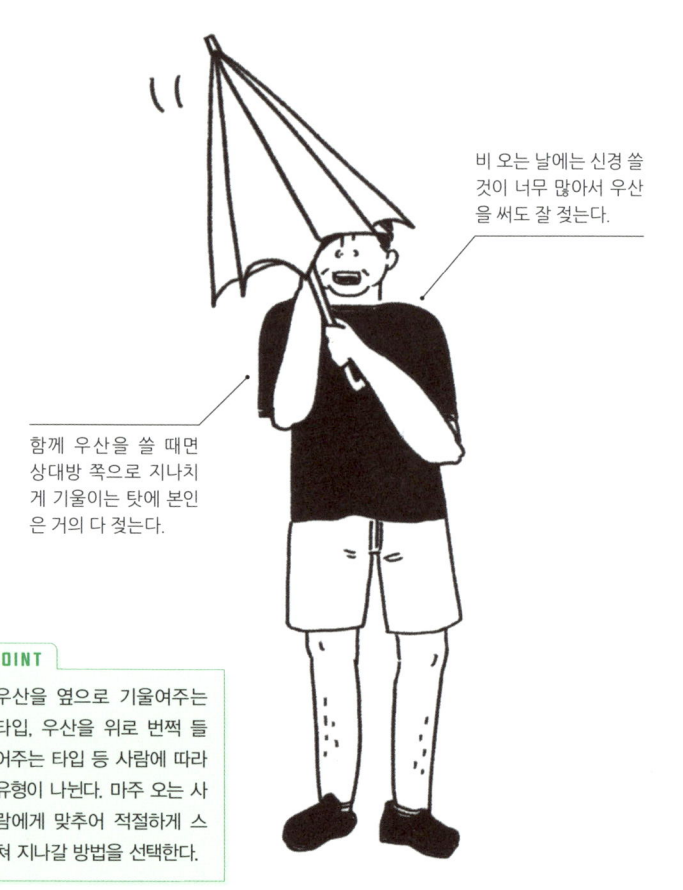

비 오는 날에는 신경 쓸 것이 너무 많아서 우산을 써도 잘 젖는다.

함께 우산을 쓸 때면 상대방 쪽으로 지나치게 기울이는 탓에 본인은 거의 다 젖는다.

POINT

우산을 옆으로 기울여주는 타입, 우산을 위로 번쩍 들어주는 타입 등 사람에 따라 유형이 나뉜다. 마주 오는 사람에게 맞추어 적절하게 스쳐 지나갈 방법을 선택한다.

좋은사람 No.

82

길에서 나눠주는 티슈나 전단지를 매번 받는 사람

받을 때는 머리를 꾸벅 숙인다.

과거에 나눠주는 아르바이트를 했던 사람이 많다.

짐이 많아 양손이 꽉 차 있을 때도 꼬박꼬박 받는다.

POINT
자신의 필요 여부와는 관계없이 나눠주는 사람을 생각해 받는다.

좋은사람 No.

83

통화할 때도 머리를 숙이면서 사과하는 사람

고마움을 표시할 때도 머리를 숙인다.

전철역 플랫폼에서 자주 보인다.

POINT

진심으로 사과하고 있다는 것이 전해진다. 무의식중에 나오는 행동이다 보니 본인은 깨닫지 못할 때가 많다.

좋은사람 No.

84 동시에 줄을 섰을 때 '먼저 서세요'라는 표정을 짓는 사람

POINT

동시에 서려고 했으므로 '양보'와는 조금 다르다고 생각하며, 상대가 먼저 서도록 표정으로 재촉한다.

분명 자취를 할 것 같은 식재료를 사고 있다.

좋은사람 No.

85 버스에서 내릴 때 "감사합니다"라고 말하는 사람

거스름돈을 받아야 할 경우 시간이 걸리므로 마지막에 내린다.*

POINT

운전기사가 운전하는 것은 당연한 일이지만, 역시 감사 인사는 해야 한다고 생각한다.

버스에 함께 탄 어린이에게 하차 버튼을 누르게 해줄 때가 많다.

* 일본의 버스는 뒷문으로 타서 앞문으로 내리며, 내릴 때 요금을 낸다.(역자 주)

칼럼

기획은 미래를 목표로 삼는다

— 묘엔 스구루

2023년, '엔타쿠'라는 팀을 결성했습니다.

〈너무 좋은 사람전〉 같은 전시회나
〈말이 없는 카페〉* 같은 이벤트 등,
새로운 체험 만들기에 도전하는 팀입니다.

엔타쿠의 규칙은 딱 하나.

'현재 이벤트를 열고 있는 장소에
다음 이벤트 공지 사진을 붙인다.'

다시 말해, 계속해서 무언가를
만들어나가는 것이지요.
미래에 기대되는 기획이 있으면
그날까지 쭉, 가슴에 설렘을 품고 살
아갈 수 있습니다.
모두 함께 연달아 즐거움을 만들어
나갑니다.

* 엔타쿠는 2023년 11월, 언어를 사용하지 않고 제스처만으로 메뉴를 주문해야 하는 '말이 없는 카페'를 시부야에서 5일간 열었다.(역자 주)

칼럼

취미로 시작한 전시회에
3만 명이 찾아와주는 기적

– 묘엔 스구루

2018년, 저는 전 직장이었던 광고대행사에서 마나코 지에미라는 신입사원의 교육을 맡게 되었습니다.

교육 담당이 된 첫날, "뭘 해보고 싶어?"라고 묻자 "전시요"라는 대답이 돌아왔습니다.
자비로 갤러리를 빌려서 직장 동료와 상사 등 가까운 지인들을 40명 정도 초대해 〈멋지게 찍히는 사진전〉*이라는 이름의 전시회를 열었습니다. 그것이 예상외로 즐거워서, 그 뒤로도 주제를 바꿔가며 비정기적으로 전시회를 열게 되었습니다.

그 가운데 2020년에 기획한 〈싫은데전〉이 개최하자마자 SNS에 널리 퍼져서 입장하는 데 한 시간이 걸릴 정도로 긴 행렬을 이루는 전시회가 되었습니다. SNS에서 입소문이 퍼지는 기획전을 만들면 많은 사람을 만날 수 있다는 사실을 깨달은 순간이었습니다.

지금까지 총 3만 명 정도가 전시를 보러 와주셨습니다. 티브이에도 나가고 책도 출간하게 되어 지금, 당신이 이 도감을 읽고 있습니다.

너무도 신기한 일이지요.

* '연인과 함께 있는 듯한 분위기를 풍기는 테이블' '위에서 내려다보며 찍은 멋진 음식 사진' '천사의 날개' 등의 작품을 전시하고, 관객이 그 작품을 자신의 핸드폰 카메라로 찍음으로써 '인스타그램에서 자주 보는 근사한 사진'을 남길 수 있도록 기획한 전시회.
(https://designfestagallery-diary.blogspot.com/2018/04/mm.html)

좋은사람 No.

86

화장실에서 휴지를
최소한으로 쓰는 사람

갓 청소한 화장실은 최선을 다해 깨끗하게 쓰려고 하는 타입.

공용 화장실에서 자신이 휴지를 다 썼을 때는 반드시 다음 사람에게 알려준다.

POINT
절약과는 상관없이, 기본적으로 자원을 낭비하지 않도록 주의한다.

좋은사람 No.

87

길에 떨어진 장갑이 눈에 잘 띄도록 가드레일 위에 올려주는 사람

POINT

경찰서에 갖다주면 오히려 주인이 찾기 힘들까 봐, 떨어져 있던 장소 근처의 눈에 띄는 곳에 놓아둔다.

다음 날 같은 곳을 지날 때 조금 신경을 쓰면서 살펴본다.

경찰서에 갖다줘야 하는지 마지막까지 망설인다.

좋은사람 No.

88 겉옷을 걸쳐 입는 것을 보고 에어컨 온도를 높여주는 사람

POINT

상대방이 신경 쓸까 봐 굳이 아무 말도 하지 않고 자신이 추웠던 것처럼 온도를 높인다.

나중에 사무실로 돌아올 때 뜨거운 커피를 사다주기도 한다.

외근 중에 추워 보이는 사람이 있으면 자기 겉옷을 빌려준다.

좋은사람 No.

89 사무실 복사기의 용지가 다 떨어지기 전에 넣어주는 사람

"무거울 텐데 고마워"라는 말을 들으면 "저 힘 세서 괜찮아요"라는 식으로, 상대방이 마음 쓰지 않도록 센스 있게 대답한다.

POINT

무거운 데다 쪼그려 앉아야 하는 경우도 많아 모두가 기피하는 작업이지만, 불평 한마디 없이 언제나 넣어준다.

사무실 관엽 식물에 물을 주기도 하는 타입.

좋은사람 No.

90

만 엔짜리 지폐를 낼 때 "큰 거라서 미안해요!"라고 말하는 사람

POINT

딱히 나쁜 짓을 한 것도 아니지만, 역시 조금 미안해져서 사과하고 만다.

거스름돈 지폐를 직원이 세어줄 때 꼭 함께 센다.

더치페이를 할 때면 끝 단위를 올림해서 낸다.

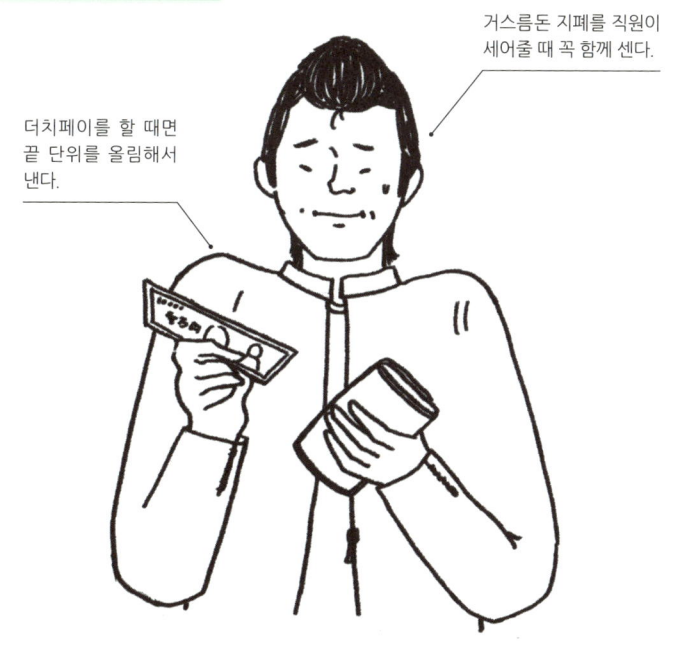

PART 4 생활

좋은사람 No.

91 | 단체 사진에서 늘 '매너 다리'를 해주는 사람

촬영 시간이 길어져도 힘든 기색을 절대 내비치지 않는다.

손을 양쪽 다 무릎 위에 두는 사람도 많다.

POINT

'매너 다리'가 가장 힘든 자세라는 것을 이미 알고 있기 때문에, 오히려 자진해서 가운뎃줄에 선다.

너무 좋은 사람 퀴즈 *1*

NEOMU JOEUN SARAM QUIZ

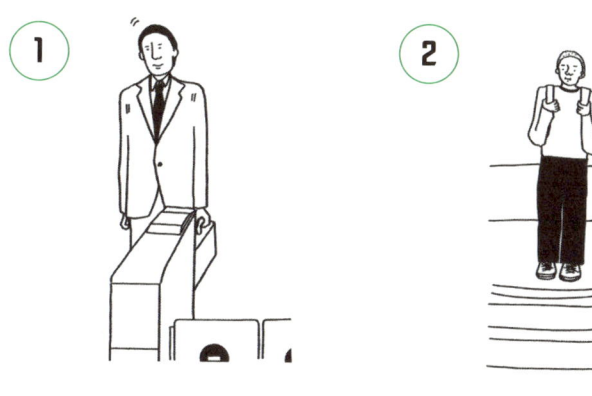

이들은 어떤 '좋은 사람'일까요? 뒷장에 해답이 있어요!

ANSWER 해답

1
개찰구에서 교통카드를 대는 타이밍이 반대편과 겹칠 것 같을 때 양보해주는 사람.

POINT
타이밍이 겹칠 것을 예상해 정면이 아닌 그 옆 개찰구로 방향을 바꿀 때도 있다.

2
보는 사람이 아무도 없는 데다 차가 지나가지 않는 밤중에도 신호를 꼭 지키는 사람.

POINT
이 시간이면 차가 없겠거니 생각하면서도 반드시 기다린다. 주위 사람들이 건너기 시작하면 안절부절못하지만, 그래도 끝까지 기다린다.

3
결혼식 날 자신은 쓰지 않는 붓펜을 들고 오는 사람.

POINT
물론 본인은 집에서 축의금 봉투에 이름을 확실하게 적어 오지만, 덜렁거리는 친구가 있을 것을 예상해 가져온다.

4
꼬마 손님이 처음으로 혼자서 심부름을 왔다는 사실을 눈치채고, 그에 맞춰 응대해주는 마트 직원.

POINT
일부러 아무것도 모르는 척하면서, 자연스럽게 무엇을 사려고 하는지 묻거나 완벽한 도움을 준다.

좋은사람 No.

92 "의자를 뒤로 젖혀도 될까요?"라고 묻지 못하는 사람

POINT

"의자를 뒤로 젖혀도 될까요?"라고 물을 바에야 안 젖히는 게 낫다고 생각하지만, 목적지에 도착할 무렵에는 온몸이 뻐근하다.

앞좌석 사람이 상당히 많이 젖혀서 본인의 공간이 놀랄 만큼 좁아질 때가 있다.

앞좌석에 붙어 있는 테이블을 펼칠 때도 앞 사람에게 진동이 전해지지 않도록 사알~짝~ 펼친다.

좋은사람 No.

93 문을 계속 잡아주는 사람

엘리베이터에서도 대체로 마지막에 내린다.

같은 타입의 사람이 있으면 양보 싸움이 시작된다.

POINT

실수로 너무 멀리 있는 사람을 기다리는 바람에 오히려 상대를 허둥거리게 만들었다며 반성할 때가 있다.

| 좋은사람 No. **94** | ## 혼잡한 카페에서 "여기 앉으세요"라고 말 걸어주는 사람 |

테이블 절반 너머로 노트북이 튀어나가지 않도록 자기 쪽으로 바짝 당겨 놓는다.

이 작업이 끝나면 얼른 나가자고 속으로 결심한다.

POINT
혼잡한 가게에서 2인석에 앉아 있는 것이 너무나 미안한 나머지, 원래는 낯선 사람에게 말을 잘 걸지 못하지만 긴장하면서도 말을 건넨다.

| 좋은사람 No. **95** | ## 길거리에서 자신이 좋아하는 유명인을 발견해도 멀리서 바라보기만 하는 사람 |

그래도 눈으로 잠시 쫓기는 한다.

POINT
당연히 말을 걸고 싶지만, '이건 사생활이니까' 하며 꾹 참는다.

"같은 공기를 마신 걸로 만족해" 하고 되뇐다.

좋은사람 No.

96

물건을 떨어트렸을 때 핸드폰 손전등을 켜서 비춰주는 사람

술자리가 파할 무렵, 조명을 켜서 잊은 물건이 없는지 확인해주는 사람도 있다.

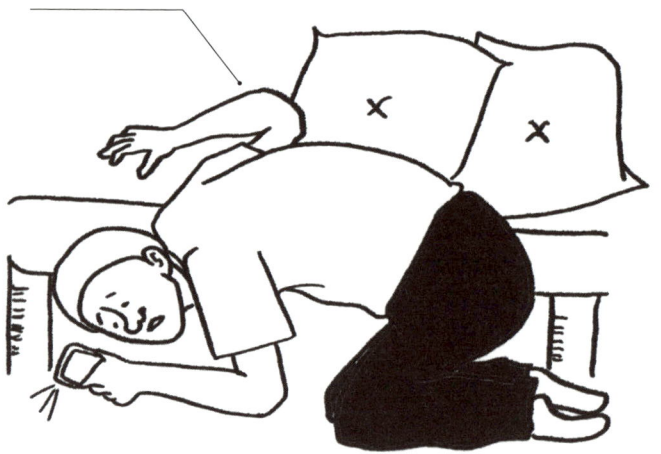

POINT

조명을 비춰가면서 물건을 잃어버린 장본인보다 더 열심히 찾는다. 물건 주인이 포기해도 단념하지 않고 계속 찾는다.

전시회 풍경

백이면 백 '좋은 사람'으로 진단받는 '좋은 사람 진료실'

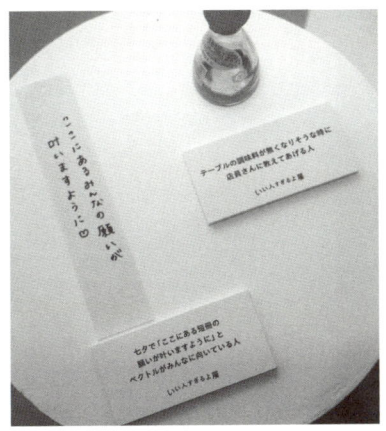

물건으로 표현하는 '좋은 사람'

좋은사람 No.

97

전철에서 실수로 음악을 틀었을 때 면목 없는 표정을 짓는 사람

다음부터는 꼭 블루투스 연결 상태를 확인하고 틀자고 속으로 맹세한다.

그 뒤로 음악을 듣긴 해도 전혀 집중되지 않는다.

POINT

에어팟이 연결된 줄 알았는데 그렇지 않아서 소리가 바깥으로 크게 들렸을 때, 미안한 표정으로 주위 사람들에게 사과한다.

좋은사람 No.

98 계산대 앞 발자국 마크에 정확히 발을 맞추고 기다리는 사람

간격을 벌려 서서 오히려 뒷사람에게 폐를 끼치는 건 아닐지 조금 신경 쓰인다.

POINT

가게가 붐비면 특히 제 기능을 못 할 때도 많은 발자국 마크지만, 거기에 맞춰 서지 않으면 불안해진다.

좋은사람 No.

99 시리에게 존댓말로 말을 거는 사람

대답을 들은 뒤에는 반드시 고맙다고 말한다.

서빙 로봇에게도 종종 "고마워"라고 말한다.

POINT
평소에도 정중하게 부탁하기 때문에 무의식중에 존댓말이 나올 때가 많다.

좋은사람 No.

100 다른 선반에 놓여 있던 과자를 원래 선반으로 되돌려놓는 사람

POINT
자신이 해야 하는 일은 아니지만, 이 정도는 딱히 번거롭지 않으니 해버리자 싶어서 정리해놓는다.

떨어져 있는 상품은 선반으로 되돌려 놓아도 괜찮을지 몰라서 직원에게 건넨다.

'금방 먹을 거니까' 하며 구태여 유통기한이 임박한 물건부터 사는 타입.

· 후 기 ·

마지막으로 한마디,

후기의 '좋은 사람'을 소개하며

이 도감을 마무리하고자 합니다.

이 도감을 책으로 펴내는 데

큰 도움을 준 사람.

우리들의 생활 속에 있는

모든 '좋은 사람'에게 감사의 인사를 보냅니다.

묘엔 스구루
사사키 히나
마나코 지에미

옮긴이 **이지수**

무라카미 하루키의 책을 원서로 읽기 위해 일본어를 전공한 번역가. 사노 요코의 『사는 게 뭐라고』『죽는 게 뭐라고』, 고레에다 히로카즈의『영화를 찍으며 생각한 것』『키키 키린의 말』,『사랑인 줄 알았는데 부정맥』등 다수의 책을 우리말로 옮겼다.『아무튼, 하루키』『할 수 있는 일을 하고 있습니다』(공저),『읽는 사이』(공저)를 썼다.

좋은 사람 도감

초판 1쇄 발행 2025년 1월 20일
초판 5쇄 발행 2025년 8월 22일

지은이 묘엔 스구루, 사사키 히나, 마나코 지에미 | **옮긴이** 이지수
펴낸이 서선행 | **디자인** 씨오디
마케팅 김하늘, 최명열 | **홍보마케팅** 임유나, 금슬기

펴낸곳 서교책방 | **출판등록** 2024년 3월 27일 제 2024-000037호
전화 070) 7701-3001 | **이메일** seokyo337@naver.com
종이 (주)월드페이퍼 | **인쇄·제본** 한영문화사

ISBN 979-11-989440-4-7(03810)

* 책값은 뒤표지에 있습니다.
* 파본은 구입하신 서점에서 교환해드립니다.
* 이 책은 저작권법에 의하여 보호를 받는 저작물이므로 무단 전재와 복제를 금합니다.

> (주)서교책방은 독자 여러분의 책에 관한 아이디어와 원고 투고를 기다리고 있습니다. 책 출간을 원하시는 분은 이메일 seokyo337@naver.com으로 간단한 개요와 취지, 연락처 등을 보내주세요.